LETTRE
A
M. P***, Doct. Méd.
SUR
LES FLUX DYSSENTERIQUES, ÉPIDÉMIQUES EN LORRAINE,

PAR M. MICHEL DU TENNETAR, Conseiller & Médecin du Roi, Professeur Royal de la Faculté de Médecine en l'Université de Nancy.

A NANCY,
Chez PIERRE BARBIER, Imprimeur-Libraire.

M. DCCLXXVII.

LETTRE SUR LES FLUX DYSSENTERIQUES, *ÉPIDÉMIQUES* EN LORRAINE.

VOus avez obſervé, comme moi, mon cher Confrere, qu'entre les maladies épidémiques qui affligent fréquemment la Lorraine, les flux dyſſenteriques ſe font remarquer par les plus grands ravages. Vous me demandés quelle peut en être la cauſe & comment on pourroit y remédier? Je penſe qu'on doit attribuer ces ravages aux préjugés qui dirigent généralement le traitement de ces maladies, & par lesquels le plus grand nombre se laisse maîtriser. J'ai gémi plus d'une fois de cet aveuglement; j'avois pensé à le détruire en rapprochant plusieurs observations que j'ai eu occasion de faire sur ces dyssenteries. Mon projet étoit d'en former un mémoire, où j'aurois établi une méthode de les guérir fondée sur leur nature & des expériences multipliées. J'avois même commencé à les rédiger lorsque M. Jadelot, à qui je communiquai mon plan, me prêta l'ouvrage de Charles le Pois, notre premier Doyen, sur les flux épidémiques en Lorraine (*a*). Cet ouvrage me parut avoir rempli mon but. Comme il est devenu très-

(*a*) Discours de la nature, causes & remedes, tant curatifs que préservatifs des maladies populaires, accompagnées de dyssenterie & autres flux de ventre, familieres aux saisons chaudes & seches, des années de semblable intempérature. Au Pont-à-Mousson. 1623.

rare, & que d'ailleurs il eſt d'un ſtyle qui a vieilli & dont la lecture eſt fatiguante, je vous en envoye l'extrait; j'y ai joint quelques réflexions. J'eſpere que cela ſuffira pour lever tous vos doutes & ſatisfaire au deſir que vous me témoignés de connoître mon ſentiment ſur les cauſes & la meilleure maniere de traiter les flux dyſſenteriques dans notre Province.

Vous verrez que Le Pois les a obſervés en maître il y a près de deux ſiecles; que depuis ce temps rien n'a changé dans leur nature, leurs cauſes, leurs ſymptomes, & que par conſéquent rien ne doit changer dans leur traitement.

Avant ce Médecin, tous ceux qui avoient écrit ſur la dyſſenterie, avoient établi de fauſſes notions ſur cette maladie, & par conſéquent des méthodes de traitement erronnées.

Le Pois, qui exerçoit la Médecine dans une province où la dyſſenterie manifeſte ſouvent ſa puiſſance deſtructive, avoit eu plus d'une fois occaſion de la combattre. Il avoit eu le loiſir de l'examiner ſous toutes ſes faces. Il avoit vu combien il eſt dangereux de ſuivre aveuglément les traces de ceux qui nous ont précédés, & que c'eſt le plus ſouvent perpétuer des erreurs. En conſéquence il médite tout ce qu'ont écrit les meilleurs praticiens ſur cette terrible maladie, & ne trouvant rien dans leurs raiſonnemens qui ſoit conforme à la marche de la nature, c'eſt pour lui un motif de s'en défier. Il renonce donc aux lueurs trompeuſes qu'ils ont placées ſur la route de l'art de guérir ; il cherche des reſſources plus certaines dans l'obſervation des phénomenes qui accompagnent ce mal & des moyens qui le ſoulagent ; parce qu'il ſait qu'on court moins de riſques de ſe tromper après des faits qu'avec des hypotheſes.

Auſſi nous ne le voyons pas prendre avec Galien, Celſe & ſes plus célebres prédéceſſeurs, les effets de cette maladie pour ſes cauſes. Il n'en établit point avec eux le caractere ſpécifique dans l'exulcération des inteſtins & dans le teneſme; il ſait mettre ces ſymptomes à leur place, & ne les regarde que comme des ſuites preſque néceſſaires de la maladie abandonnée à elle-même. Il reconnoît enfin que la véritable cauſe du flux dyſſenterique eſt une fievre du genre des bilieuſes-putrides, occaſionnée par le ſéjour & la fermentation d'humeurs devenues âcres & irritantes, dépoſées en grande partie ſur le foie, & dont la nature cherche à ſe débarraſſer par les inteſtins. Il aſſigne la cauſe des douleurs, du teneſme, & des ulcérations inteſtinales dans l'acrimonie mordante de la matiere dépoſée ſur ces parties.

Il me ſemble que Le Pois, en regardant la dyſſenterie comme une fievre, anéantit la diviſion ſi généralement reçue des flux dyſſenteriques avec fievre, & des flux dyſſenteriques ſans fievre. D'après le tableau qu'il nous fait de cette maladie, lorſqu'il exiſte un flux ſans fievre, on ne ſauroit le regarder comme dyſſenterique, mais comme une ſimple diarrhée.

Il faut bien prendre garde ici de s'en laiſſer impoſer par l'état du pouls. La plûpart de ceux qui ſe mêlent de traiter des malades (remarquez que je ne dis pas *des maladies*), ne jugent de la préſence de la fievre que par la force & la fréquence réunies des pulſations; c'eſt une erreur qui peut avoir les ſuites les plus funeſtes. Dans le commencement de l'accès d'une fievre intermittente, pendant le friſſon, le pouls eſt petit, foible, ſerré, & perſonne n'oſeroit aſſurer que le malade n'a pas la fievre. Il en eſt de même dans la plûpart des flux dyſſenteriques; la fievre qui les accompagne reſſemble le plus ſouvent à ce premier degré des intermittentes.

Quel eſt le Médecin qui n'a pas obſervé que dans preſque toutes les fievres qui dépendent de quelque maladie de l'eſtomac ou des inteſtins, même dans l'inflammation vive de ces parties, le pouls eſt ſpaſmodique, foible, concentré, & ſouvent d'une fréquence peu ſenſible? Il a ce caractere dans ceux qui ont pris des poiſons cauſtiques de la nature du ſublimé, de l'arſenic, &c. Il doit donc l'avoir auſſi dans les flux dyſſenteriques, lorſque la matiere âcre & irritante au ſuprême degré, agit à la maniere de ces poiſons ſur les membranes très-nerveuſes & infiniment ſenſibles de l'eſtomac & du canal inteſtinal.

Il eſt eſſentiel de faire la plus ſérieuſe attention à cet état du pouls, ſans quoi on s'expoſeroit à ſe tromper, & l'on regarderoit comme peu dangereuſement malade un homme qui ſeroit réellement dans le plus grand danger. Vous ſavez que dans les fievres malignes le péril ſe cache ſous l'apparence de la tranquillité. Il en eſt de même dans quelques dyſſenteries, & l'on pourroit aſſurer, dans ces circonſtances, que plus le mouvement febrile eſt maſqué, plus la mort eſt prochaine.

Au reſte, la preuve que nos fievres dyſſenteriques ſont de la même nature que les fievres bilieuſes-putrides, ſe tire de la comparaiſon des ſymptomes qui ſe préſentent dans nos dyſſenteries & dans ces fievres.

Les flux dyſſenteriques s'annoncent ou par quelques friſſons, ou par un froid univerſel, plus ou moins longs, ſuivis de chaleur; par une grande foibleſſe, un mal de tête violent, des envies de vomir, l'amertume de la bouche, des anxiétés, des ſelles fréquentes, bilieuſes, écumeuſes, ſanguinolentes, douloureuſes & d'une puanteur inſupportable. Dans quelques-uns il y a un peu de délire, dans d'autres de l'aſſoupiſſement; quelquefois il paroît des éruptions miliaires ou pourprées: dans ceux-ci la fievre eſt vive; elle eſt à peine ſenſible dans ceux-là. Quand la maladie tourne mal, les douleurs de ventre deviennent énormes, il ſurvient un hocquet, le ventre ſe gonfle & ſe tend, les douleurs ceſſent & le malade périt.

Dans les fievres bilieuſes-putrides, les malades ſe plaignent géneralement de friſſons ſuivis de chaleur, de l'amertume de la bouche, de nauſées accompagnées de vomiſſemens de matieres bilieuſes, de grands maux de tête, de dégoût, d'inſomnie, de perte de forces, d'anxiétés. Les ſelles ſont bilieuſes, écumeuſes & d'une odeur cadavereuſe. Lorſque la maladie dure, la tête ſe prend, le malade tombe dans le délire ou dans l'aſſoupiſſement, il paroît des éruptions à la peau. Si la nature ſuccombe, les douleurs & la tenſion du ventre ſurviennent, & bientôt la gangrene termine la vie des malades.

Ce qui établit complettement la reſſemblance de ces deux maladies, ce ſont les effets ſemblables des mêmes moyens curatifs, & le ſuccès égal des remedes évacuans & anti-putrides.

Le Pois trouve la cauſe éloignée de ces épidémies dans les variations fréquentes de l'atmoſphere, & ſur-tout dans les chaleurs exceſſives de l'été, ſuivies de froids ſubits. Il prouve ce réſultat de ſon obſervation par plusieurs faits bien saisis & nettement exposés.

Les Médecins de notre siecle qui ont le mieux écrit sur la dyssenterie & sur ses causes, l'attribuent, comme Le Pois, à une fievre dûe à la disposition putride des humeurs & sur-tout de la bile, occasionnée par les grandes chaleurs de l'été, & la suppression subite de la transpiration après un temps chaud. „ Dans l'été, disent-ils, les solides „ sont relachés, les humeurs sont dispo- „ sées à la corruption par la chaleur, celles „ sur-tout qui doivent être rejettées hors „ du corps par la surface de la peau. Dès „ qu'elles sont retenues elles agissent sur „ toute la masse comme un levain acri- „ monieux & putréfiant; bientôt tous les „ liquides contractent cette acrimonie & „ une disposition putride, la fievre paroît „ & les évacuations intestinales s'établis- „ sent.

Vous avez pu souvent observer, dans notre climat variable & habituellement humide, combien ſont fréquentes les alternatives de froid & de chaud pendant nos plus beaux étés. Dès qu'un nuage voile le ſoleil, nous ſommes ſubitement ſaiſis de froid ; & ſi après quelques jours de chaleur il ſurvient un orage, nous ſommes obligés de recourir à nos vêtemens d'hiver, ſi nous voulons éviter les impreſſions trop marquées de ces changemens. Le Pois a donc eu raiſon de regarder ces variations comme les cauſes les plus ordinaires des fievres dyſſenteriques dans notre province, ſur-tout lorſqu'elles avoient lieu à la ſuite de chaleurs très-vives qui avoient communiqué à la bile une qualité âcre & corroſive.

Remarquez qu'environné de toutes parts du préjugé qui attribuoit alors tous les flux dyſſenteriques à l'uſage des fruits, il ſut s'élever au-deſſus du ſentiment vulgaire & faire triompher la vérité de l'ignorance. Il fait voir clairement que cette accuſation eſt injuſte ; le raiſonnement & les faits viennent à ſon ſecours pour démontrer que les fruits, loin d'occaſionner ces ſortes de flux, en ſont le préſervatif & le remede les plus certains ; & tout ce qui a été dit depuis ſur cet objet, dont on a fait honneur à quelques Médecins modernes, il l'avoit écrit un ſiecle & demi avant eux. Il n'exclut cependant pas abſolument les fruits des cauſes des flux de ventre, il eſt trop ſage pour ne pas admettre quelques exceptions; il les condamne, comme les Médecins de nos jours, lorſqu'ils ne ſont point mûrs, il craint même l'uſage immodéré de ceux qui ſont parvenus à leur maturité.

Je ne m'appéſantirai pas ſur cet objet. Le ſentiment de Le Pois me paroît généralement adopté aujourd'hui; graces à M. Tiſſot qui a rendu au peuple le ſervice de lui perſuader, que les fruits étoient plus utiles que dangereux dans ces maladies.

C'eſt d'après cette théorie nouvelle alors, puiſée dans la nature & confirmée par l'expérience, que Le Pois établit ſa méthode curative. Ses indications ſont tirées du caractere & des effets du mal : Diminuer le mouvement trop accéléré des liquides par la ſaignée. Seconder par des évacuans les efforts de la nature pour ſe débarraſſer des ſucs détériorés & nuiſibles. Garantir les inteſtins de la malignité de ces matieres, les mettre à l'abri de leur activité rongeante par des délayans mucilagineux en boiſſons & en lavemens. Calmer l'irritation trop vive par des anodins ſtupefians. Tarir par des reſſerrans la ſource des évacuations trop prolongées. Soutenir les forces de la machine par une diete ſagement administrée. Enfin la fortifier, la reſtaurer par l'uſage bien entendu des bons alimens. Développons ces différens moyens de guériſon.

Sage & fidele obſervateur, Le Pois en conſeillant la ſaignée, ne la regarde pas comme un ſpécifique ; il la ſoumet à une indication rationnelle. Ce n'eſt que dans les cas où le malade ſeroit menacé de quelqu'inflammation, qu'il la preſcrit. Il n'a en vue que de prévenir tout engorgement ſanguin, de diminuer la trop grande chaleur, en un mot de remédier à la surabondance réelle ou factice du sang. Dans toute autre circonstance il proscrit absolument ce remede, dont on abuse si généralement.

Pour concevoir quels sont les cas où la saignée est indiquée, il faut faire attention que la fievre dyssenterique n'a pas toujours le même caractere: souvent elle est bilieuse-putride; d'autrefois elle est maligne ou du moins compliquée de malignité; quelquefois elle est inflammatoire, & le plus ordinairement elle est compliquée d'inflammation & de putridité.

Dans les deux premiers cas, la saignée n'est pas indiquée, elle jetteroit les malades dans l'affaissement & accéléreroit leur destruction: ce n'est que dans les fievres dyssenteriques inflammatoires, ou compliquées d'inflammations, que la saignée peut être utile, encore ne faut-il se déterminer à la prescrire plusieurs fois qu'avec circonspection. Je sais que plusieurs personnes prétendent

tendent qu'une vive douleur, l'insomnie, une fievre commençante, un excès de chaleur, les convulsions, les hémorrhagies, sont autant d'indications pressantes de la saignée; mais il n'est pas moins certain, dit M. Menuret, que la saignée ne devient absolument nécessaire que lorsqu'il y a surabondance de sang ou consistance inflammatoire, sans cela elle n'est qu'un palliatif dangereux par ses suites, & le plus souvent inutile pour faire cesser ces accidens, qui doivent être appaisés par les anodins, les rafraîchissans, les relâchans, les astringens, chacun selon la cause qui les a produits.

Je pense, avec ce Médecin célébre, que communément on juge mal des efforts de la nature; on les croit excessifs lorsqu'ils ne sont que proportionnés à l'obstacle. Douze ans d'observation, tant dans les hôpitaux qu'à la campagne, où les malades sont plus généralement confiés à la nature, m'ont appris que ces seuls efforts, aidés d'un régime ſage & approprié, domptent ſouvent de grandes maladies.

Mais revenons à la pratique de Le Pois, & avouons que les légiſlateurs de la Médecine moderne n'ont point établi ſur cet objet de principes mieux raiſonnés, plus lumineux que les ſiens; ils ſemblent n'avoir été heureux qu'en les ſuivant; dès qu'ils s'en ſont écartés, dès qu'ils ont voulu fixer des regles trop générales, ſans en ſpécifier les exceptions, chacun de leurs pas a été marqué par une chûte, chaque traitement par une cataſtrophe.

Galien avoit défendu la ſaignée dans la dyſſenterie; on s'étoit ſervilement ſoumis à ce précepte. Le Pois a marqué les circonſtances où il devoit être ſuivi. Il n'a pas été plus eſclave de l'autorité dans les regles qu'il établit pour l'uſage des évacuans. Il voit que dans les fievres dyſſenteriques les mouvemens & les excrétions du ſang, ſont opérés par la nature pour évacuer les humeurs corrompues réſidentes dans les premieres voies; mais il a remarqué que dans certains cas les efforts de la nature ſont forcés, & qu'il ſeroit dangereux alors de la livrer à elle-même. Cette réflexion le détermine à ſecouer le joug de Galien, qui étoit décidément contraire à l'adminiſtration des évacuans dans la dyſſenterie, parce qu'il avoit mal conçu quelques ſages préceptes d'Hippocrates. „ Il „ ne faut, avoit-il dit, ni ſaigner, ni pur„ ger dans les flux de ventre avec fievre, „ & ceux qui l'ont fait ont jetté leurs ma„ lades dans de plus grands dangers. „ Une aſſertion auſſi poſitive, reſpectée pendant pluſieurs ſiecles, étoit bien propre à en impoſer à la foule des Médecins ; la ſavante hardieſſe de Le Pois heurte de front & avec ſuccès cette loi, quoiqu'annoncée d'un ton auſſi tranchant.

Galien avoit dit ailleurs qu'il étoit impoſſible de rien évacuer à l'avantage des malades au commencement de toutes les maladies, parce que la nature ne produiſoit alors que des évacuations nuiſibles ou inutiles, qu'il falloit plutôt arrêter que favoriser, suivant ce précepte d'Hippocrates, qu'il ne faut point évacuer les matieres dans le temps de la crudité des maladies, mais seulement après la coction, à moins que ces matieres ne soient turgescentes.

Il faut avouer que cet aphorisme a excité bien des débats entre les Médecins; les interprêtes d'Hippocrates ont expliqué de plusieurs manieres bien différentes le mot *organ*, dont il s'est servi pour exprimer cette turgescence. Il est en effet susceptible de différens sens; mais les bons Médecins, sans s'arrêter aux diverses interprétations qu'on en a données, l'ont soumis à l'expérience, & guidés par le flambeau de l'observation, ils pensent que dès qu'on a lieu de soupçonner quelque putréfaction, ou même la présence de matieres putrides, on ne doit pas différer les évacuations; il vaut mieux, dit M. Lefebvre, traducteur de Grant & de Zimmermann, tacher de sauver le malade en évacuant, que de laiſſer s'anéantir le principe vital, qui ne ſuccombe que trop vite; & rien n'eſt plus dangereux que de borner la pratique de la Médecine à des préceptes généraux, auxquels les temps, les ſaiſons, les épidémies, les ſexes, les tempérammens, obligent ſouvent de renoncer.

Telle étoit la maniere de penſer de Le Pois; moins docile aux autorités qu'à la voix de la nature, il fait ſentir la néceſſité des évacuations dans l'épidémie qu'il décrit. Ce n'eſt pas qu'il ignore les préceptes qui ſemblent le contrarier. Il ſait qu'il ne faut pas gener le travail de la nature, que toute évacuation critique ne doit pas être troublée, que les évacuations purement ſymptomatiques doivent être ſupprimées; mais il ſait auſſi que la nature accablée ſous le poids des matieres morbifiques, trop abondantes ou corrompues, ne ſuffira point à leur évacuation, & l'expérience lui a appris qu'il ne ſe trompe point en appliquant ce principe à la maladie dont il donne l'hiſtoire. Seulement il a la précaution de régler la nature des purgatifs, il les choisit entre les plus doux, il leur associe les tamarins comme opposés à la disposition putride; il exclut de sa méthode de traitement tous ceux qui sont trop actifs & qui pourroient nuire par leur qualité irritante; il remplit enfin cette indication comme l'ont remplie, de nos jours, les meilleurs Médecins, instruits par un siecle & demi d'expérience de plus.

En effet, les purgatifs acidules sont le remede auquel M. Zimmermann a le plus de confiance dans cette espece de dyssenterie. Il dit positivement que sans s'inquiéter des préjugés vulgaires, ni même de ceux de Médecins fort habiles, & entr'autres de Degner, il a uni les acidules aux évacuans; „ Mes purgatifs, ajoute ce Médecin philosophe, étoient fort doux & sur-tout „ d'une nature acide, parce que les forts „ purgatifs causent des tranchées horribles „ dans la dyssenterie & anéantissent les forces, & que les purgatifs acides s'oppo-

„ ſent aux progrès de la pourriture en mê-
„ me temps qu'ils font ſortir la matiere
„ putride.

J'ai preſcrit quelquefois deux onces de manne & deux gros de tartre ſoluble dans une émulſion, ou dans une pinte de boiſſon chargée des ſucs de groſeilles, de framboiſes ou de ceriſes quand c'en eſt la ſaiſon; autrement je donne un apozême de manne & de tamarins avec un peu de crême de tartre. M. Tiſſot fait un grand uſage de ce ſel acide, & il aſſure qu'il l'emploie avec ſuccès.

Quoique les évacuans doux ſoient le remede le plus néceſſaire dans les fievres dyſſenteriques, il n'eſt pas aiſé d'y déterminer le peuple, ſur-tout dans les campagnes; ils diſent qu'il eſt bien plus ſimple d'arrêter un flux qui les tourmente, que de provoquer par un purgatif un plus grand nombre de ſelles; ils ne ſe croient malades que par les évacuations trop fréquentes auxquelles ils ſont forcés, & ils conçoivent difficilement comment ils guériront en les augmentant; c'eſt, ſelon eux, faire tout le contraire de ce qui leur paroît indiqué. Quand ils ont fait ce raiſonnement, il eſt preſqu'impoſſible de les convaincre qu'ils ont tort, ils ne veulent pas voir qu'un purgatif, en entraînant toutes les matieres viciées & acrimonieuſes des premieres voies, prévient l'irritation, les douleurs inteſtinales, le teneſme & ſouvent l'inflammation. Eſt-il étonnant, après cela, que le mal devienne ſi ſouvent mortel, lors même qu'il auroit pu être guéri facilement? Il ne ſuffit pas, dit Hippocrates, que le Médecin faſſe tout ce qu'il croit indiqué, il eſt encore néceſſaire qu'il ſoit ſecondé par le malade & par ceux qui l'approchent

Le Pois ne parle pas des émétiques dont nous faiſons un uſage ſi heureux contre la dyſſenterie; on les craignoit trop alors, parce qu'on ne ſavoit pas en régler prudemment l'adminiſtration; il n'en eſt pas de même aujourd'hui, & nous employons avec ſuccès l'ipécacuanha à la doſe de trente grains & au-delà. On l'a même annoncé, mais ſans fondement réel, comme un ſpécifique contre les flux dyſſenteriques ; il eſt vrai qu'adminiſtré dès le commencement, il rend un grand ſervice en débarraſſant l'eſtomac des matieres viciées qui le ſurchargent. Cet effet lui eſt commun avec le tartre émétique, dont quelques grains ont une action plus sûre & auſſi utile ; on eſt même quelquefois obligé d'en ajouter un ou deux grains à l'ipécacuanha loſque l'eſtomac ſe refuſe à l'action de celui-ci. Le grand but qu'on ſe propoſe eſt d'évacuer les matieres turgeſcentes, & de donner aux conduits biliaires engorgés & pareſſeux, une ſecouſſe qui les force à s'ouvrir plus facilement. M. Grant dit (*a*), qu'il a obſervé que ces ſecouſſes étoient plus néceſſaires en

---

(*a*) Recherches ſur les fievres, ſelon qu'elles dépendent des variations des ſaiſons, &c. t. II.

ſeptembre & en octobre que dans les premieres dyſſenteries de juillet, où la matiere jaune bilieuſe eſt plus déliée, fort acrimonieuſe & plus aiſément remuée.

Les Médecins, à qui l'on a tout expliqué dans les écoles par la théorie de Boerhaave, & qui voient par tout de l'inflammation, s'élévent contre l'uſage des évacuans & ſpécialement du tartre émétique, dès qu'il voient du ſang dans les ſelles; ils n'oſeroient croire qu'il puiſſe y en exiſter ſans inflammation, & ils ont toujours ſous les yeux les petits vaiſſeaux engorgés & près de ſe rompre à la moindre irritation occaſionnée par un émétique ou par un purgatif. Qu'ils ſe raſſurent contre ces craintes puériles! En apprenant dans le traité de la dyſſenterie, par Zimmermann, qu'une matiere bilieuſe pourrie, corroſive, enfermée dans les cellules inteſtinales, irrite ſi fort ces viſceres, que ſouvent les orifices des vaiſſeaux ſanguins s'ouvrent & laiſſent paſſer un ſang pur qui ſe mêle avec les ſelles; qu'il peut donc y avoir du ſang dans les ſelles ſans qu'il y ait lieu de ſoupçonner la moindre inflammation aux inteſtins, & que le ſang peut couler abondamment ſans que les inteſtins ſoient attaqués ou menacés d'abcès. „ On voit delà, ajoute Zimmermann, pour- „ quoi, lors même que les ſelles ſont réel- „ ment ſanguines, il ne faut pas craindre „ de faire partir la matiere bilieuſe irri- „ tante avec des vomitifs ou des purgatifs, „ & pourquoi il arrive ſi ſouvent qu'un „ vomitif fait ceſſer le flux de ſang.

Les boiſſons mucilagineuſes, les lavemens adouciſſans, ont été oppoſés dans tous les temps à la qualité corroſive des matieres à évacuer. Le Pois en connoît trop l'utilité pour ne pas inſiſter ſur leur adminiſtration. C'eſt ſur-tout quand la maladie, abandonnée à elle-même, a duré aſſez longtemps pour dépouiller la membrane interne des inteſtins du mucus naturel qui la tapiſſe (mucus qu'on prend ſouvent pour des glaires) & que l'acrimonie des matieres bilieuses putrides s'est augmentée par leur séjour, que l'usage des mucilagineux est nécessaire. Ils enveloppent les parties âcres & mettent les nerfs des intestins à l'abri de leur action. C'est alors que les boissons préparées avec la corne de cerf, la racine de guimauve, ou simplement avec un peu de gomme arabique conviennent. Quelques-uns conseillent l'huile d'amandes douces ; il est à craindre qu'elle ne dégénere bientôt & qu'elle ne devienne rance ; vous concevez que ce seroit augmenter l'abondance des matieres âcres irritantes : Je préfere les émulsions.

Quant aux lavemens, j'emploie le plus ordinairement la décoction de graine de lin & quelquefois l'amidon. Le Pois prétend que si les douleurs sont trop vives, on peut ajouter aux lavemens quelques remedes stupéfians, dans l'intention de diminuer la sensibilité excessive des intestins. Plusieurs Médecins célebres se défient avec raison de ces médicamens, sur-tout dans les commencemens & avant les évacuans. Cependant l'ufage de ces remedes devient indifpenfable quand les douleurs atroces, long-temps continuées, jettent les malades dans le défefpoir & les menacent d'inflammation gangreneufe; mais il ne faut jamais perdre vue qu'on ne doit les permettre que dans les cas les plus urgens.

Les narcotiques n'arrêtent pas le progrès du mal lorfque les inteftins font attaqués: Sydenham avoue les mauvais effets qu'il en a vus dans le *cholera morbus*, maladie fi analogue aux flux de ventre. Il faut toute la fagacité du praticien le plus éclairé pour les donner avec fuccès.

Je les ai vus opérer des cures merveilleufes entre les mains de M. Bagard, dans fon hôpital militaire à Nancy; mais M. Bagard étoit un de ces Médecins rares qui favent faifir l'à-propos, & qui ne placent des remedes que dans le moment convenable. Je l'ai vu prefcrire une nouvelle faignée au quatorzieme jour d'une péripneumonie & fauver par là fon malade. Quand les flux devenoient opiniâtres & douloureux; malgré les évacuans, les adoucissans & tous les remedes le plus sagement administrés, il leur opposoit un grain d'opium délayé dans deux onces de vinaigre qu'il faisoit avaler le soir. Ce remede agissoit comme calmant & diaphorétique; il remplissoit la double indication reconnue & annoncée par l'Hippocrates anglois. Je l'ai presque toujours vu réussir. L'avis de Zimmermann est de remplacer les narcotiques par l'infusion de camomille dont il fait de grands éloges; il prétend qu'on peut en obtenir tout le bien que produiroient les narcotiques sans en craindre le mal qu'ils pourroient faire.

Lorsque les évacuations se prolongent au-delà du terme nécessaire, par la foiblesse des visceres & le relâchement des vaisseaux des intestins, après que les matieres hétérogenes ont été évacuées; Le Pois conseille d'avoir recours aux astringens. C'est alors que la rhubarbe peut devenir vraiment utile ainsi que les opiates resserrans, qu'il ne faut cependant employer qu'avec la plus ſcrupuleuſe attention.

Ces remedes ſont ceux dont on a le plus abuſé dans les flux dyſſenteriques ; nous leur voyons encore tous les jours accorder une préférence injuſte. On ſe perſuade en général que les évacuations ſont forcées, on les regarde comme plus nuiſibles qu'utiles, & ſur ce principe on fait tous ſes efforts pour les ſupprimer.

Dans les campagnes on ſe livre à ces remedes par d'autres motifs : l'état de miſere & de pauvreté à laquelle le plus grand nombre de nos payſans eſt réduit eſt un des plus puiſſans. Ils évitent d'employer des remedes qui leur ſeroient coûteux. Ils n'attachent pas à leur ſanté, à celle de leurs femmes, de leurs enfans la même importance qu'à celle de leurs beſtiaux ; la mort de toute leur famille leur eſt moins préjudiciable que celle d'une vache qui la nourrit. De ce qu'ils ſont pauvres, il ſuit qu'ils ont beſoin de leur travail chaque jour de leur vie ; ils n'ont pas d'autre reſſource que leurs bras, ils cherchent donc à les employer, & ils regardent quinze jours d'inaction comme une perte irréparable. C'eſt ce qui les détermine à ſe confier à des remedes violens & ſouvent contraires qui leur ſont offerts par des Empiriques ; ou bien ils ont recours au vin aromatiſé & à d'autres boiſſons chaudes & aſtringentes. Ils y ont d'autant plus de confiance qu'ils en ſont d'abord un peu ſoulagés ; mais ils payent cher ces momens de treve arrachés à la nature.

Une choſe qui contribue encore à enraciner le préjugé qui preſcrit les aſtringens ſpiritueux, c'eſt qu'ils ont quelquefois eu d'heureux ſuccès. Les perſonnes même qui ſemblent devoir mieux raiſonner que les payſans, oppoſent journellement ces ſuccès aux raiſonnemens des Médecins. Il m'eſt arrivé d'en rencontrer qui ſe croyoient très-inſtruites parce qu'elles avoient lu, ſans principe, quelques-uns de ces livres de Médecine ſi communs aujourd'hui, dans leſquels

on

on prétend mettre l'art de guérir à la portée du vulgaire ; j'ai rencontré, dis-je, de ces personnages qui me disoient gravement: „ Mais, M. le Docteur, avez-vous quelque „ chose à opposer à l'expérience, & si la „ Médecine peut acquérir quelque degré de „ certitude, n'est-ce pas par les faits ? Eh „ bien, du vin chaud, chargé des principes „ aromatiques des bayes de laurier, de ca„ nelle & de poivre, administré dès le com„ mencement des dyssenteries, a guéri ra„ dicalement, sans rechûte, sans accident „ d'aucune espece, plusieurs de nos mala„ des: ne sommes-nous pas autorisés à em„ ployer le même remede pour les autres? „ Pouvez-vous vous-même juger de l'utilité „ d'un médicament, autrement que par ses „ bons effets ?

Plus ces raisonnemens sont spécieux, plus leur impression est dangereuse, & plus il est important de montrer en quoi ils péchent.

Dans une épidémie, tous les malades ne

ſont pas également attaqués. Le plus ou le moins de violence de la maladie dépend des diverſes circonſtances où ſe trouve le malade; elles peuvent être favorables ou oppoſées à la cauſe du mal. Dans le premier cas il peut devenir très-grave; dans le ſecond ce ne ſera qu'une légere indiſpoſition. De-là ſort la différence qu'un Médecin inſtruit doit mettre dans le traitement des uns & des autres. Dans les flux de ventre, par exemple, il eſt certain que ſi la maladie eſt légere & qu'il n'exiſte qu'une diarrhée dépendante de la foibleſſe des inteſtins, elle ſera facilement guérie par l'uſage de vin aromatique, ou d'autres remedes toniques ou aſtringens; mais ſi la maladie eſt grave, ſi le flux eſt accompagné d'une fievre bilieuſe-putride, alors les aſtringens, les aromatiques employés trop-tôt, loin de ſoulager, contribueroient à la mort du malade, ou du moins le jetteroient dans d'autres maladies plus difficiles à traiter; & le remede qui a guéri les premiers deviendroit un poiſon pour les derniers.

Concluons de ceci que les demi-connoiſſances en médecine, qui donnent la démangeaiſon de preſcrire, ſont plus à craindre que l'ignorance qui reſte dans l'inaction. Concluons encore que ce ne ſont pas des principes généraux ou des aſſertions abſolues qui forment le Médecin-praticien ; mais l'obſervation attentive des exceptions fréquentes qu'on eſt obligé de faire dans l'application de ces principes.

Il reſte donc vrai que nos flux épidémiques étant le plus ordinairement du genre des dyſſenteriesylioſo-putrides, nous devons ſuivre la méthode de traitement indiquée par Le Pois, & nous ſouvenir que les aſtringens les moins dangereux par eux-mêmes, ſont toujours à craindre dans le commencement de ces maladies par les funeſtes effets qu'ils peuvent produire; j'ai eu occaſion d'en voir des exemples malheureuſement trop fréquens : la pleuréſie, l'eſquinancie, la paralyſie, la jauniſſe, des œdématies, des fievres malignes, des inflammations ulcéreuſes du méſentere, la mort peuvent être occaſionnées par l'uſage inconſidéré des aſtringens. Ce n'eſt donc qu'à la fin de la maladie, lorſqu'il eſt néceſſaire de fortifier les vaiſſeaux des inteſtins, de leur rendre le ton qu'ils ont perdu, qu'il eſt permi d'avoir recours à ces remedes; encore faut-il éviter ceux qui ont trop de ſtypticité. C'eſt à cette époque que Le Pois ſe permettoit de les employer. Une pratique éclairée par l'étude approfondie de l'économie animale, confirmée par une expérience heureuſe, lui avoit appris à ſaiſir l'inſtant marqué par la nature pour appliquer ces remedes avec ſuccès; il ſemble donner la préférence aux eaux minérales acidules & ferrugineuſes. Il en preſcrit une pinte à prendre tiede dans la matinée, en uſant entre chaque verre d'un peu de canelle ou d'anis.

Des Médecins qui ont voulu juſtifier l'application des aſtringens (*a*), dit M.

(*a*) Traduction du traité de la dyſſenterie par Zimmermann.

Lefebvre, les ont proposés comme capables de résoudre l'inflammation dont ils ont supposé l'existence dans toutes ces maladies. Mais il est prouvé que les congestions sanguines intestinales, n'ont pas toujours lieu dans les dyssenteries; & quand elles ont lieu, quel est le Médecin sensé qui oseroit proposer de les détruire par les racines de tormentille & de bistorte, par du gland rapé, de la terre sigillée, &c. On a même porté l'imprudence, ajoute M. Lefebvre, jusqu'à employer l'alun, le sel de saturne pour arrêter ces flux. La nature de l'alun est assez connue pour nous éloigner d'une pareille pratique, & le sel de saturne est un poison trop décidé pour ne pas le rejetter avec horreur.

Ceux qui s'en tiennent à conseiller, dans les commencemens de la maladie, du vin chaud avec du sucre, sans le charger de drogues échauffantes ou astringentes, croient se mettre à l'abri de tout reproche. Ils s'appuyent sur deux motifs qui leur paroissent également respectables : d'abord l'extrême foiblesse de la plûpart des malades qui leur rend les cordiaux nécessaires ; ensuite l'autorité des plus grands Médecins : de Degner, de Huxham & même de Tissot, qui conseillent le vin dans la dyssenterie. Il n'est pas difficile de faire voir combien leurs raisonnemens sont peu solides.

La foiblesse, la prostration des forces qu'éprouvent les dyssenteriques, n'a lieu que dans le cas où la dyssenterie est putride. Cette prostration n'est dûe qu'à l'impression faite sur les nerfs très-nombreux de l'estomac & des intestins par les matieres dégénérées & irritantes qui y séjournent. Or dans ces circonstances les meilleurs cordiaux sont les évacuans. D'ailleurs il est de fait que les cordiaux proprement dits, administrés avant d'avoir évacué, augmentent la foiblesse, bien loin de la diminuer. Ce phénomene ne présente rien de surprenant à ceux qui ont observé combien les remedes échauffans augmentent l'acrimonie des sucs bilieux.

Il eſt vrai que pluſieurs Médecins célebres ont conſeillé l'uſage du vin dans la dyſſenterie ; mais quel vin ont-ils preſcrit & comment le faiſoient-ils prendre ? Ils ſavoient tous que les vins ſpiritueux & les vins auſteres & aſtringens étoient nuiſibles ; mais ils ſavoient auſſi que les vins acidules au contraires, tels que les vins du Rhin, de Mozelle, &c. mêlés en petite quantité aux boiſſons abondantes, ne pouvoient contribuer qu'à rafraîchir les malades au lieu de les échauffer ; qu'à détruire la putridité & par conſéquent l'acrimonie des matieres bilieuſes ; & ſous ce point de vue les vins acidules devenoient de véritables cordiaux, ils rempliſſoient la même indication qu'une tiſanne légere de tamarins avec la crême de tartre, ou que toute autre boiſſon chargée des ſucs des fruits acidules de la ſaiſon. Ce n'eſt pas là conſeiller le vin à la maniere du peuple.

On ne ſauroit trop répêter que c'eſt aux Médecins à preſcrire les remedes. Tel médicament ; dont une administration sage contribueroit à la guérison, produira des effets funestes entre des mains ignorantes & mal exercées.

La partie du traitement à laquelle Le Pois a le plus de confiance, c'est la diete. Chez lui cette expression ne signifie point l'abstinence totale des alimens. Il entend par diete, avec Hippocrates, un régime convenable prescrit avec prudence. Il consulte le besoin du malade, il le compare aux forces digestives, & c'est en conséquence de cet examen qu'il permet des alimens, dont les parties nutritives sont plus ou moins restaurantes, plus ou moins faciles à assimiler. Il voit pendant les premiers jours de la maladie un corps impur qu'il seroit dangereux de nourrir; bientôt il apperçoit une frêle machine qu'il faut prémunir contre l'épuisement : sa mémoire lui présente cette maxime du pere de la Médecine: qu'une diete trop sévere a des inconvéniens incomparablement plus dangereux qu'un régime un peu plus nourrissant, & son malade à la permission d'user d'alimens fortifians. Il en augmente la quantité à mesure que la maladie diminue, & parvient en suivant une gradation insensible, à le rétablir entierement dans son premier état.

Je pense, avec Le Pois; que le régime doit être approprié aux causes de la maladie & aux circonstances particulieres que présentent les malades. L'air doit être pur & renouvellé dans les appartemens; il ne faut pas y laisser séjourner les matieres que rendent les dyssenteriques, on ne sauroit trop-tôt les emporter. Les malades doivent garder la chambre & même le lit dès le premier jour; le froid qu'ils éprouveroient auroit des suites fâcheuses. Il est donc nécessaire de prévenir le refroidissement ou l'humidité de l'air qui les environne. Ce point est si essentiel, que lors même qu'ils sont guéris, ils doivent éviter de s'exposer à un air humide qui pourroit, en supprimant la transpiration, reproduire la dyssenterie.

Il faut éviter dans les alimens & la boisson tout ce qui favoriseroit la putréfaction, & éloigner par conséquent l'usage du lait, de toutes les viandes, du bouillon, du beurre, de l'huile, de la graisse, même des œufs, que tant de Médecins conseillent. L'eau d'orge ou de ris, avec un peu de crême de tartre, doit suffire dans les commencemens; après les évacuations, on peut y ajouter la crême d'orge; & dans la convalescence on peut laisser prendre du ris, des fruits cuits, relevés par un peu de jus de citron, & d'autres nourritures légeres préparées, comme le conseille Zimmermann, avec les amandes, le lait, les blancs d'œufs & le sucre. Ce n'est que quand la convalescence est affermie qu'on peut permetre du rôti, & abandonner les malades par degré à leur nourriture ordinaire.

Voilà, mon cher Confrere, tout ce que j'avois à vous dire sur les fievres dyssenteriques de notre Province. Mon intention n'étoit pas de vous faire un traité complet de toutes les especes de dyssenteries. Vous trouverez dans celui de Zimmermann tout ce qu'un Médecin peut desirer de savoir sur ces maladies. Je me suis tenu dans les bornes que Le Pois s'est prescrites ; je ne voulois que vous faire connoître son ouvrage, & combattre les préjugés les plus ordinaires & les plus opiniâtres des habitans de nos campagnes, relativement aux flux dyssenteriques. Je suis satisfait si j'ai réussi.

www.ingramcontent.com/pod-product-compliance
Ingram Content Group UK Ltd.
Pitfield, Milton Keynes, MK11 3LW, UK
UKHW020954220726
13924UKWH00002B/694